AF542660

DECLARATION

DV ROY, PAR LAQVELLE ceux de la Religion pretendue reformee assemblez à Loudun, sont declarez Criminels de leze-Majesté, à faute de se separer dans le temps porté par icelle.

Verifiee en Parlement le 27. Feurier 1620.

A LYON,

Par BARTHELEMY ANCELIN, Imprimeur, & Libraire ordinaire du Roy.

M. DCXX.

Auec Priuilege de sa Majesté.

LOVYS par la grace de Dieu, Roy de France & de Nauarre. A tous ceux qui ces presentes lettres verront Salut. Comme nous auons tousiours tenu pour fondement asseuré de la tranquillité publique de cet Estat, de maintenir & conseruer nos subiects tant Catholiques que de la religion pretenduë reformee en bonne paix, vnion & concorde les vns auec les autres, soubs le benefice des Edicts & Declarations sur ce faites par le feu Roy nostre tres honoré Seigneur & Pere, que Dieu absolue : Aussi auons-nous eu vn soing particulier de les faire exactement obſeruer & entretenir : & de faire iouyr ceux de ladite religion des graces & conceſſions qui leur ont eſté accordees par iceux : eſquelles non ſeulẽment nous les auons maintenus & cõſeruez, mais meſmes nous les auons de grace ſpeciale de beaucoup eſtendues & augmentees. Et pour eſtre particulierement eſclaircis des manquemens ou inobſeruations qui pourroient eſtre faites à l'obſeruation deſdits Edicts & Declarations, & donner moyen à noſdits ſubiects de la religion pretenduë reformee de les nous faire ſçauoir : Nous auons à l'imitatiõ dudit Feu Roy noſtre tres honoré Seigneur & Pere, agreé qu'ils tinſſent aupres de nous, & à noſtre ſuitte, des Deputez qui nous en peuſſent informer, & nous en faire les remõſtrances & à noſtre Cõſeil qu'ils iugeroient neceſſaires, à ce que ſur leur inſtance &

pourſuit

poursuitte, il y peust estre pourueu. Et afin que ces deputez peussent estre par eux choisis & nommez, lors qu'il a esté à propos de les changer: Nous leur auons aussi permis de tenir pour ce subject des assemblees prouinciales & generales, quand ils nous ont faict cognoistre en auoir besoin. Et encores que le principal subject pour lequel nous leur auons permis la tenuë d'icelles ayt esté pour faire le chois & nomination desdits deputez: Nous auons neantmoins trouué bon qu'ils y ayent receu les plaintes que nos subjets de ladite Religion de chacune prouince pouuoient faire desdites inexecutions & inobseruations, pour nous en faire presenter par leursdits deputez des cahiers & remonstrances. C'est pour cest effect, & sur ceste seule consideration, que nous aurions permis à nosdits subjets de ladite Religion pretenduë reformee par nostre breuet du vingt troisiesme May dernier, de tenir vne assemblee generale le vingt-sixiesme Septembre ensuiuant, en nostre ville de Loudun, en laquelle nous esperions que suiuant ce qui est porté par ledit breuet, ils commenceroient à proceder au chois & nomination des deputez qu'ils voudroient faire succeder à ceux qui residoient à nostre suitte, entre les mains desquels ils mettroient le cahier de plaintes & remonstrances qu'ils auroient à nous faire pour en soliciter nostre responce, & prendre soing de l'executiõ de ce qui en seroit par nous ordonné : Mais au lieu de ce faire, ils nous auroient enuoyé aucuns d'entre eux auec vn premier cahier cõtenãt quelques principaux articles, sur lesquels ils supplioyent de respondre, & faire executer ce qui seroit

de

de noſtre intention, attendant qu'ils euſsẽt compilé les autres cahiers qu'ils diſoient auoir à nous preſenter : Surquoy nous leur feiſmes entendre que lors que toutes leurs demandes ſeroiẽt redigees en vn meſme cahier, & qu'ils nous le preſenteroient à vne ſeule fois, & ſuiuãt l'ordre & les formes ordinaires, nous les receurions & ferions reſpondre fauorablement, & en telle ſorte qu'ils recognoiſtroiẽt par effect noſtre bonne volonté en leur endroit. Et que meſmes encores qu'ils fuſſent obligez de nous faire preſenter ledit cahier, par ceux qui auroient eſté par eux nõmez pour reſider pres de nous, & en ſuitte ſe ſeparer ainſi qu'il s'eſt pratiqué du viuant dudit feu Roy, és aſſemblees de Chaſtellerault, & de Gergeau, & qu'il s'obſerue en toutes les autres aſſemblees de quelque qualité qu'elles ſoient qui ſe tiennent en ce Royaume : Neantmoins nous leur ferions ceste grace pour ceste fois, & sans tirer à consequence de receuoir lesdits cahiers par les mains de ceux qui nous les presenteroiēt de leur part Ce qu'ayant esté rapporté à ladite assemblee, apres plusieurs contestations & dilayemens qui s'y seroient passez, ils nous auroient en fin enuoyez d'autres Deputez auec le cahier general de leurs plaintes & remonstrances, lequel nous aurions receu benignement, leur donnant toute asseurance que nous feriōs trauailler à la response d'iceux sans discontinuation, & dont ils receuroient non seulement la Iustice qu'ils demandoient, mais encores ce qu'ils pouuoient esperer de nostre grace & faueur. Ce que nous leur aurions donné charge de raporter en ladite assemblee, leur commandant aussi de dire de nostre part en en icelle, que puis qu'ils auoient presenté tous leursdits cahiers, & que leur plus longue demeure ensemble estoit desormais inutile, & apportoit preiudice à nostre authorité, & scandale à nos bons subiects, Nostre volonté estoit qu'ils eussent à proceder au plustost à la nomination des Deputez qui auroient à resider pres de nous : & en suitte à separer leurdite assemblee. Quoy faisant, nous leur promettions de remettre entre les mains desdits Deputez les responses que nous ferions ausdits cahiers, & de faire dans vn mois apres proceder de bonne foy à l'execution des choses qui leur seroient accordees. Ce que au lieu de receuoir auec le respect & reuerence qu'ils doiuent : ils nous repliquerẽt que ladite assemblee auoit resolu de demeurer ensemble, & ne se point separer iusques à ce qu'ils eussent la response qui deuoit estre faite à leurs cahiers, & qu'ils en veissent l'execution. Dequoy bien que nous eussions iuste occasion de nous offencer, comme estant ceste response elloignee du deuoir que des subiects doiuent à leur Roy : Neantmoins nous nous contentasmes de leur remonstrer la faute qu'ils commettoient, & les exhorter de se porter à l'obeyssance qu'ils doiuent. Et toutesfois afin que ladite assemblee fust expressément informee de nostre part de nostre intention: Nous nous resolusmes d'enuoyer vers elle les sieurs le Mayne Conseiller en nostre Conseil d'Estat & Gentil-homme de nostre Chambre, & Marescot l'vn de nos Secretaires, pour en leur confirmant les asseurances de nostre bonne volonté en leur endroit, leur faire le mesme commandement que nous auions enioint à leursdits en-

uoyez,

uoyez, de leur porter de noſtre part, qui eſtoit de proceder incontinent à la nomination des Deputez, qui auroient à reſider prés de nous, & en ſuitte ſe ſeparer dans quinze iours apres, & ſe retirer en leurs Prouinces. Ce qui y fuſt prononcé dés le x. iour du mois de Decembre dernier. A quoy ils n'auroient fait autre reſponce, ſinon qu'ils deputeroient incontinent vers nous pour nous reïterer leurs tres-humbles ſupplications, comme ils firent, nous ayans depuis enuoyé quelques autres d'entre eux qui nous auroient fait les meſmes inſtances qu'auoient fait les precedens: A ſçauoir qu'il nous pleuſt agreer la ſubſtance de ladite aſſemblee, iuſques à ce que leurs cahiers fuſſent reſpondus, & qu'ils veiſſent l'execution des choſes qui leur auroiẽt eſté promiſes. Surquoy n'ayant rien à leur reſpõdre, que ce que nous leur auions ja fait ſçauoir. Et recognoiſſans combien il importoit qu'ils ſe confiaſſent aux aſſeurances que nous leur auions fait dõner de noſtre bonne intention, à ce qui eſtoit de leur contentement, & que les formes accouſtumees en tel cas fuſſent ſuiuies & obſeruees. Conſiderans auſſi qu'il y auoit ja pres de cinq mois qu'ils eſtoient aſſemblez, dont nos autres bons ſubjets auoient occaſion de prẽdre ombrage & jalouſie, Nous leur aurions ordonné derechef d'obeyr à ce que nous leur auions fait ſçauoir eſtre de noſtre volonté. A quoy nous les aurions encores depuis fait particulierement exhorter par pluſieurs perſonnages bien qualifiez & bien informez de nos ſentimens ſur ces affaires, qui les auroient aſſeurez de noſtre bonne intention, à ce qui eſt de leur contentement : Leur ayant auſſi fait

dire

dire de nostre part que encores qu'ils eussent excedé d'vn mois & plus, le temps que nous leur auions donné pour se separer : nous leur accordions encores huict iours pour leur retour à Loudun, & huict autres iours apres pour nommer leursdits Deputez & se retirer : Et que à faute d'y satisfaire, nous y ferions pourueoir selon que nous iugerions estre du bien de nostre seruice. Mais voyans qu'au lieu d'obeyr à ce qui leur a esté commandé de nostre part, ils continuent tousiours à demeurer ensemble, couurans leur des-obeyssance par des pretextes de nouueaux enuois qu'ils pretendent faire vers nous, pour reïterer leurs instances & supplications : Estans cependant bien informez qu'il y a plusieurs particuliers en ladite assemblee mal affectionnez au bien de nostre seruice, & au repos de cet Estat, qui trauaillent à porter les autres à leurs mauuais desseins : Ne pouuans souffrir plus longuement ce mespris à nostre authorité, sans tesmoigner à ceux qui en sont coulpables le ressentiment que nous en auons, & faire sçauoir à vn chacun ce qui est de nostre volonté & intention sur ce sujet. Sçauoir faisons, que nous ayans mis cet affaire en deliberation en nostre Conseil, où estoient aucuns Princes de nostre sang, autres Princes, Seigneurs, Officiers de nostre Couronne, & autres notables personnages & principaux de nostre dit Conseil : De l'aduis d'iceluy & de nostre certaine science, pleine puissance & authorité Royale, Auons dict, declaré & ordonné ce qui s'ensuit : A sçauoir, que pour tesmoigner à nosdits sujets de ladite Religion pretendue reformee nostre bonne inclination en leur endroit: Nous

Nous auons de nouueau octroyé aufdits deputez affemblez à Loudun, delay de trois fepmaines, apres la fignification qui leur aura efté faite des prefentes, pour feparer ladite affemblee & fe retirer en leurs maifons : Pendant lequel temps , ils pourront auffi faire la nomination de leurs deputez, au nombre & en la forme accouftumee , pour en eftre par nous choifis deux pour refider pres de noftre perfonne : Et à faute dans ledit temps , & apres iceluy expiré de s'eftre feparez & retirez , Nous auons dés à prefent comme pour lors , declaré ladite affemblee illicite & contraire à noftre authorité & feruice. Et ceux qui y demeureront foit en ladite ville de Loudun , ou en autre lieu pour icelle continuer , criminels de leze-Majefté , & en cefte qualité defcheus du benefice de nos Edicts, & autres gra-

ces

ces par nous accordees à ceux de ladite religion pretenduë reformee, & mesmes du renuoy qu'ils pourroient pretendre en nos Chambres de l'Edict. Voulons & nous plaist qu'il soit procedé contre eux selon la rigueur de nos Loix & Ordonnances, tant par nos Iuges ordinaires que Parlemens, comme contre subjects desobeissans, rebelles & perturbateurs du repos public, ensemble contre ceux qui entretiendront auec eux pratiques, negotiations & intelligences. Et pour le regard de ceux d'entre eux qui obeiront à nostre present cõmandement, & se retireront de ladite assemblee dans le temps susdit : comme semblablement tous les autres de ladite Religion pretendue reformee qui demeureront en leur deuoir, & sous nostre obeyssance: Nous voulons & entendons qu'ils soient & viuent en tou-

te

te ſeureté, ſoubs noſtre protection, & iouyſſent du benefice de nos Edicts, Declarations & autres graces à eux par nous accordees. Et ſi ceux de ladite aſſemblee qui obeyront à noſdits preſens commandemens en quelque nombre que ce ſoit, auant que ſe ſeparer d'icelle font nomination deſdits deputez qui auront à reſider à noſtre ſuitte : Nous entendons receuoir ladite nomination, & permettre à ceux que nous aurons choiſis ſur icelle, de faire la function de leurs charges pres de nous, ainſi qu'il eſt accouſtumé.

Si donnons en mandement à nos amez & feaux les Gens tenans nos Cours de Parlement & Chambres de l'Edict, Baillifs, Seneſchaux ou leurs Lieutenans, & tous autres nos Officiers & ſujets qu'il appartiendra chacun endroit ſoy, que ces preſentes nos lettres de Declaration, ils facent lire, publier & enregistrer : & le contenu en icelles faire exactement obseruer & executer de poinct en poinct selon sa forme & teneur, sans souffrir ny permettre qu'il y soit contreuenu. Enjoignons à nos Procureurs generaux & leurs Substituts y tenir soigneusement la main de leur part, & satisfaire à ce qui dependra du deuoir de leurs charges pour l'effect de nostre volonté. Et afin que ceux de ladite asséblee soient d'abõdant aduertis de nostre present commandement, & n'en puissent pretendre cause d'ignorance. Voulons qu'à la diligence de nostre Procureur General, ou de ses Substituts elles leur soiẽt signifiees audit lieu de Loudun, ou autres lieux où ils se trouueront assemblez par le premier de nos Huissiers ou Sergens sur ce requis. Mandons aux Gouuerneurs & Lieutenans Generaux en nos Prouinces

ces prester main forte à l'executiõ des Arrests & Iugemens qui seront donnez contre les contreuenans à cesdites presentes. Car tel est nostre plaisir. En tesmoin dequoy, nous auons à icelles fait mettre nostre seel. Donné à Paris le vingt-sixiesme iour de Feurier, l'an de grace, mil six cents vingt: Et de nostre regne, le dixiesme.

Signé, LOVYS.

Et plus bas, Par le Roy,

PHELYPEAVX.

Et seellé sur double queüe de cire jaune.

Leuës, publiees, registrees, ouy, ce requerãt le Procureur General du Roy, & ordonné que coppies collationnees seront enuoyees aux Bailliages & Seneschaussees

sees pour y estre leuës, publiees, registrees, gardees & obseruees selon leur forme & teneur: & que le delay de trois sepmaines courra du iour de la publication au siege de Loudun, qui y sera faicte & aux autres sieges, à la diligence des Substituts du Procureur General: ausquels à peine d'en respondre en leur nom, enioint ce faire & certifier la Cour dans huictaine. A Paris en Parlement le vingt septiesme Feubrier, mil six cens vingt.

Signé, DV-TILLET.

La susditte declaration & arrest de verification ont esté leuz & publiez en Iugement de la Seneschaussee & Siege Presidial de Lyon lez plaids tenans ouy & ce requerant Maistre Alexãdre Boullioud Aduocat du Roy pour le Procureur dudict Seigneur, de laquelle lecture & publication Nous auons octroyé acte, & ordonné qu'ils seront enregistrees és Registres de laditte Seneschaussee pour y auoir recours, faict en Iugement nous Iacques Olier Cheuallier, Seigneur de verneüil

neüil Conseiller du Roy en ses Conseils d'Estat & priué, & Sur-Intendant en la Iustice & Police de Lyon, pays de Lyonnois, Forests, & Beau-jollois, Baltazard de Villards President, Pierre Seue, Lieutenant General, Claude du Sausey, Lieutenant particulier, George l'Anglois, Gaspard de Mornieu, Odet Croppet, Alexandre Chollier, Louys Landry, Pierre Benoist, Lambert Brocquin, Maurice de Guillon, Iean Besset, Iean de Syluecane, Charles Strossy, Alexandre de Sarrasin, Pierre Mellier, Charles de Torueon, Louys de Rocheffort & Pierre Minet Conseillers & Magistrats en la Seneschaulcee & Siege Presidial dudit Lyon seans le Ieudy douziesme Mars mil six-cents vingt.

Signé. PERREL.

www.ingramcontent.com/pod-product-compliance
Lightning Source LLC
LaVergne TN
LVHW010015230826
846092LV00002B/837